DEL MOVIMIENTO SOCIAL A LA GUERRA ELECTORAL

Juan Carlos Nochebuena Miranda

**INVESTIGADORES SOCIALES DE
HIDALGO A.C.**

Primera edición, 2019.
Investigadores Sociales de Hidalgo A.C.
Carlos Lazo, Col. Carros, C.P. 43930.
Ciudad Sahagún, Hidalgo. México.
Enero de 2019.

Dedicado a todos aquellos que, sin esperar nada a cambio, trabajan por un mundo mejor.

Reseña biográfica:

Juan Carlos Nochebuena Miranda, nació en Ciudad Sahagún, Hidalgo, el 11 de abril de 1983. Tiene el título de Licenciado en Sociología por la Universidad Autónoma Metropolitana, unidad Xochimilco, UAM-X, estudió la Maestría en Ciencias Sociales con Orientación en Política y Cultura en América Latina, en la Universidad Autónoma de la Ciudad de México, UACM, obtuvo el grado de Maestro en Estudios de Población, por la Universidad Autónoma del estado de Hidalgo, UAEH, certificado en Planeación de Organizaciones Públicas y Privadas, por el Instituto Tecnológico de Estudios Superiores de Monterrey, ITESM, actualmente Doctorando en Urbanismo por la Universidad Nacional Autónoma de México, UNAM, cuenta con diplomados en programas especializados en estadística. Autor de los textos "A 50 años de la construcción del CIS", "Status Socioeconómico", "desempeño asociativo en organizaciones de vivienda", entre otros.

CONTENIDO

PREFACIO.

La variedad de *movimientos sociales* es, en extremo, amplia; algunos persiguen -como *objeto social*- reivindicaciones ecologistas, otros buscan motivar la acción colectiva en el manejo de recursos de uso común, también quienes organizan sectores sociales en específico. La lista de grupos resulta, numéricamente, amplia y heterogénea. Para el caso que nos ocupa, tomamos como objeto de investigación aquellas organizaciones que plantean, abiertamente, alcanzar el ejercicio del poder público con la intención de transformar un orden de cosas establecido, con la particularidad de reconocer la vía electoral como el único medio para el logro de sus propósitos. Las agrupaciones que sugieren la opción electoral viven, al interior de sus propias estructuras, un proceso de transformación intenso, en el cual se enfrentan, de golpe, al contexto sociopolítico y logran posicionar en el imaginario colectivo, en mayor o menor grado, su cosmovisión. El éxito o el fracaso en el acceso a las estructuras de poder no les impiden la transformación ulterior del *status quo*. Al tiempo que dicha transformación, inherente a la acción política, signifique un cambio hacia una sociedad más avanzada o moderna.

El tema de estudio, pues, son las organizaciones sociales, delimitando al caso de los movimientos sociopolíticos que proponen alternativas al estado común de las cosas e identifican la vía electoral para la materialización de sus planteamientos. Algunos de ellos vivirán un proceso lineal; de ser grupos de personas con intereses semejantes pasarán a integrar organizaciones formalmente constituidas, convirtiéndose, finalmente, en gobierno. Cómo inician estas conformaciones sociales y cuál es el resultado final es, para nuestro trabajo, una línea de investigación distinta.

Sin tomar partido en favor de los *movimientos sociopolíticos*, el agotamiento de los sistemas sociales de dominación y la inherente necesidad de liberación de las mayorías, crean, por sí mismas y sus conflictos, *actores sociales* que se organizan y actúan sobre el entorno enfrentados al sistema que les dio origen, contrapuestos no sólo a los grupos antagónicos al poder, sino a los poseedores de los medios de dominación. Una característica, en este sentido, de los *movimientos sociopolíticos alternativos,* será el hecho de verse enfrentados a un conjunto de estructuras, las cuales, en un principio, presentarán una fuerte oposición al cambio. Al mismo tiempo, podrán existir

5

para mantener un orden de cosas, tomando como referencia poderes en turno o en el trabajo horizontal al respecto de intereses comunes con formas de Estado, aunque la razón de ser de un movimiento social es la negación a un orden establecido, razón de su legitimidad, sería posible la existencia de movimientos de defensa, sin que ello signifique una lucha interna por el control del poder en el Estado. Lo cual puede no sobrevenir en un estancamiento de la modernidad.

Al igual que las particularidades que dan origen a las formaciones sociopolíticas, la diversidad no nos permite opinar al respecto de la pertinencia en los planteamientos programáticos, tampoco podríamos atrevernos aquí a suponer que en su mayoría serán contenidos viables o necesarios, socialmente, sin embargo, el tipo ideal de organizaciones a las que hacemos referencia son aquellas que coinciden con nuestras 12 observaciones, mínimas.

Los liderazgos, como las agrupaciones, no son producto de la espontaneidad o de circunstancias psicológicas; son construcciones sociales, al igual que los contenidos programáticos –en igualdad de diversidad-. Nos centramos en observar las relaciones entre las variables que influyen en el *desempeño asociativo* de las organizaciones de estudio, desde una perspectiva cualitativa. Hacemos un esfuerzo en utilizar distintas herramientas para contrastar nuestras hipótesis.

El presente trabajo es el resultado de un análisis de observación participante de casi diez años de convivencia, etnografía de archivo, entrevistas a profundidad y grupos de enfoque con el *Movimiento por la Industria y la Democracia Participativa* **MIDP** (A petición de las fuentes, omitiremos el uso de nombres e imágenes, que en un inicio estaban previstas, así como la referencia a circunstancias específicas. Las experiencias aquí expresadas serán únicamente a manera de referencia). Hemos trabajado buscando las variables que más se relacionan con el desempeño asociativo, doce en total, las cuales pueden servir en otro momento para la construcción de un modelo de medición, un índice, o quizás del interés más particular para investigadores involucrados en el tema.

El MIDP nace tras una década de privatizaciones; específicamente la entrega de la industria manufacturera de *Ciudad Sahagún* a manos de privados nacionales y extranjeros, concatenado al fraude y el robo cínico a la clase obrera; Propuso abiertamente, a diferencia de otros grupos locales, *"la toma del poder político para reorientar la acción gubernamental en*

7

beneficio de los trabajadores", siendo así el único movimiento local que planteaba la relación entre la acción de la sociedad y la actividad electoral, como dos momentos necesarios en el acceso al control del Estado. El involucramiento fue amplio, bajo los desarrollos teóricos del *Socialismo del Siglo XXI* propuestos por *Heinz Dieterich Stefan*, la dirección del movimiento entregaría simbólicamente su acción colectiva en la tarea de escalar hacia el acceso al poder político. El MIDP llegó a ser, quizás, la agrupación sociopolítica más influyente en el estado de Hidalgo en la primera década del siglo XXI, logrando posicionar la exigencia de justicia por las victimas generadas tras el fraude privatizador en amplios sectores sociales, así como la denuncia permanente al régimen de corrupción en las instituciones públicas.

Sin embargo, el MIDP desapareció tras la renuncia de uno de sus más destacados miembros.

No se pretende hacer de este trabajo un reporte al archivero de la escolástica, sino más bien un instrumento de apoyo para las necesarias organizaciones sociales que mediante la abierta búsqueda del poder del Estado, logren hacer un uso más racional de sus recursos, aportando elementos para una metodología de trabajo capaz de ayudarles en la guerra que han decidido declarar al estado común que guarda su espacio vital. Si bien, algunos casos no aplican al grueso de las organizaciones sociopolíticas, quedan para el análisis los éxitos y fracasos del MIDP.

Por la importancia que a nuestra consideración los movimientos sociopolíticos tienen en las sociedades, creados por el agotamiento de los modelos de dominación, escribimos el presente texto pensando en un público más amplio. El formato del documento se flexibiliza, cambiando de un reporte descriptivo – apegado a formatos académicos- hacia un reporte más práctico. Evitando caer en la *tesis militante*, trataré de eliminar las prenociones y los juicios de valor, separando permanentemente las opiniones del "deber ser", sustituyendo estas últimas por un enfoque autocrítico en el que se expongan los hechos sin temor a las palabras y su connotación política.

Expresamos empatía poniendo nuestro recurso de información en manos de los movimientos sociopolíticos de transformación, no así en las afirmaciones vertidas en las siguientes líneas.

El reporte está dividido en tres apartados, diferenciando los elementos que existen en el plano de las ideas de los que respectan a la realidad material, dejando al final aquellos elementos ulteriores de la dinámica propia de la práctica política de las organizaciones sociopolíticas.

Considerando en todo momento siempre los factores sociales como base de explicación. Negamos aquí toda forma de psicologismo.

Haciendo uso de la imaginación sociológica, abordo algunos debates de la teoría social clásica contrastándolos en este pequeño ejercicio de estudio de caso, en el que me ha tocado la oportunidad de apreciar el choque del mundo ideal y la realidad material.

Juan Carlos Nochebuena Miranda
Enero de 2019

EL CONCEPTO.

La descripción del concepto "movimiento sociopolítico de transformación MST" es fundamental previo a la introducción del tema en cuestión. Concepto al que no se puede avanzar en su estudio sin una amplia revisión del significado actual de los movimientos sociales.

No podríamos dejar de mencionar que las teorías de la conducta colectiva, antecedente primero del estudio de los **Movimientos Sociales MS**, tienen -en historia como en material bibliográfico- un acervo amplio.

Para los sociólogos de la escuela funcionalista los MS son el resultado de la tensión estructural al interior de las instituciones sociales, pero no son vistos como organizaciones sino como entes "semi-racionales". La presencia de los movimientos sociales es evidencia de la disfuncionalidad social. Muy cercanos a la perspectiva de los clásicos de la sociología, que tenían una idea de la acción colectiva como una expresión vulgar de la sociedad, antagónica a formas institucionales modernas, incapaces de estructurar formas civilizadas de transformación, o más aún de dominación, Durkheim, por ejemplo, sostenía que *"la acción social sigue caminos demasiado desviados y demasiado oscuros, emplea mecanismos psíquicos demasiado complejos para que el observador vulgar pueda percibir de donde provienen"*[1]

Los movimientos sociales vistos desde la perspectiva de la sociología clásica, son por un lado entes irracionales, o en el mejor de los casos semi-racionales, y por otro lado son la expresión de un fallido sistema de dominación producto de instituciones agotadas o en evidente estado de colapso. Lo que dio paso a la afirmación de que los MS son la expresión material de una sociedad enferma, ya que en una sociedad sana no existirían entes antagónicos a la institucionalidad. No podemos negar que la afirmación de la teoría sociológica, al respecto de los movimientos sociales, es absolutamente correcta. Como tampoco podemos dejar de mencionar los avances actuales en el estudio de los llamados "nuevos movimientos sociales", o concepciones alternativas, como la perspectiva de Touraine;

"El movimiento social es la conducta colectiva organizada de un actor luchando contra su

---

[1] Durkheim, Emile. "Las formas elementales de la vida religiosa".

adversario por la dirección social de la historicidad en una colectividad concreta"[2]

Que distingue en la historicidad de las sociedades el lugar más importante de los conflictos, sustituyéndolos por el concepto de movimiento social.

Una perspectiva objetiva de los movimientos sociales debe ser abierta a las realidades expuestas en los planteamientos clásicos. Desde el hecho de considerar la acción colectiva como una expresión de conflicto producto del malestar social, hasta la posibilidad de situar el conflicto en un terreno sociohistórico.

Para nosotros, los movimientos sociales son parte de una producción social, tal como las instituciones, cuya racionalidad está en función del desarrollo de las fuerzas productivas, su función es la crítica o la transformación de un orden establecido, y se verán enfrentados a sistemas de oposición o resistencia al cambio. Efectivamente, su existencia implica conflicto social, el cual, según su dimensión, impactará en los programas y acciones de los movimientos mismos. Su característica principal será la heterogeneidad.

---

[2] Touraine, Alain. "Los movimientos sociales". Revista Colombiana de Sociología, núm. 27, julio-diciembre, 2006, pp. 255-278. Universidad Nacional de Colombia. Bogotá, Colombia

Durante el siglo XIX y a mediados del siglo XX, la idea de revolución pasaba, casi con exclusividad, por las manos del "proletariado industrial". Bajo un revestimiento más ideológico en el que el resto de la sociedad parecía estar subordinado al simple espectáculo de la guerra entre dos únicas clases sociales, las cuales terminaban siendo representadas vulgarmente en dos imágenes ideales; obreros y empresarios.

Sin desconocer la importancia de las organizaciones obreras y la existencia de una clase dominante asociada a la propiedad privada de los medios de producción, más actores aparecieron a la escena del "conflicto" que fueron opacados por los grandes protagonistas de la lucha de clases. Actores que tenían intereses distintos y que siempre estuvieron presentes pero menospreciados por el proyecto histórico del sujeto marxista, reaparecieron en la importancia de la investigación social, incluso antes de la caída del socialismo realmente existente se tienen registros de MS tanto en regímenes socialistas como capitalistas. Los movimientos proletarios perdieron el monopolio de las banderas de "transformación" y "lucha", dejando de ser los grandes protagonistas, al menos en el imaginario colectivo, del conflicto social. Vacío que ocuparon rápidamente distintas expresiones de la sociedad. No nos vamos a perder en el debate o discusión de los movimientos sociales, ante la diversidad tan basta como los intereses particulares que persiguen. Pretender generalizaciones para todos y cada uno de ellos sería, al menos para los alcances del presente ejercicio, una tarea imposible. Por lo que nos quedamos con la referencia a los movimientos que cumplen con dos principios de acción; 1) declararse en contra de una forma social establecida (ya sea cultural, social o estamental), y 2) tener como vía de participación única los medios electorales. Respetando la gran diversidad en lo que se refiere a MS, y la misma variedad de interpretaciones, delimitamos nuestro estudio en aquellas organizaciones que quedan dentro de este marco particular. No sin dejar de reconocer que, al interior de la batalla electoral, existe también una diversidad de expresiones; tanto aquellas que buscan la protección o preservación del estado de cosas como aquellas que pretenden reconfigurarlo. Dejar en claro que evitamos posicionarnos en alguna frontera, exponiendo lo que a nuestra observación resulta relevante.

El **Movimiento por la Industria y la Democracia Participativa MIDP** es un movimiento social que se opone a la historicidad, bajo un esquema de *"acción crítica"*. Las observaciones están hechas a partir de una forma de organización social revolucionaria, reconocidos para nuestra definición como un tipo ideal de **"Movimiento Social de Transformación MST"**, los cuales difieren significativamente del resto de los movimientos sociales, por ejemplo, en lo que respecta a la definición de objetivos, sobre todo aquellos a corto plazo. Mientras algunos movimientos sociales no requieren de una delimitación de objetivos, los MST tienen una dependencia vital en la visión del futuro –a corto, mediano y largo plazo-. Los MST requieren de formas particulares de disciplina y subordinación, para otras agrupaciones sociales dichas formas disciplinarias resultarían aberrantes. Para el grueso de los movimientos sociales, en otro ejemplo, la necesidad de crecimiento exponencial resulta en expresiones individualistas contrarias a la cohesión.

El debate en torno al concepto de movimiento social es necesario previa exposición de nuestro objeto de observación, nos es de utilidad para enmarcar la agrupación que sometemos al análisis.

FORMACIÓN DE LOS MS.

Siguiendo los aportes de la sociología, según Smelser[3] existen seis momentos para la formación de los movimientos sociales, o en su caso para la existencia de formas de acción social; 1) Condiciones sociales. Estructuras de relaciones sociales que hacen posible la "conectividad" y el "flujo de ideas" entre grupos específicos de personas. 2) Tensión en la estructura social. Toda forma de malestar social que genere una inconformidad socialmente compartida. 3) Generalización de una creencia. Lo que llamaremos "proyecto". Una explicación de las causas, el origen de la problemática social que genera la tensión. La mayoría de las veces acompañada de una propuesta de cambio, una alternativa transformadora. 4) "Factores precipitantes". La condición material que conduce a las personas a organizarse previo a la acción colectiva. 5) Movilización. La aparición misma de los movimientos sociales, es decir, entidades organizadas particularmente para la coordinación de la acción colectiva. 6) Fallo estructural. La incapacidad de las instancias estamentales para reaccionar ante las coyunturas de inestabilidad. Tanto en la atención al

[3] Smelser, Neil. "Teoría del comportamiento colectivo". FCE. Segunda reimpresión. México, 1989.

origen de la tensión social como a la canalización de la acción colectiva.

Hasta este momento, tenemos una definición de las condiciones que llevan a la formación de los MS y la acción colectiva, sin que implique la capacidad de generalización al respecto del destino lineal de un MST. No podemos afirmar que los movimientos sociales tendrán un cauce democrático, así como no podemos suponer un carácter modernizador. Al tiempo que debemos evitar menospreciar el poder creativo de la racionalidad humana. El futuro de cada una de las agrupaciones -que la misma sociedad ha creado- es absolutamente imprevisible (por lo menos en el presente documento nos declaramos abiertamente incapaces de proponer o aceptar un determinismo en la materia). Centramos nuestra línea de investigación, tomando como ejemplo un caso particular que encaja perfectamente en nuestro modelo ideal, el Movimiento por la Industria y la Democracia Participativa MIDP.

Nuestro estudio de caso cruzó un esquema similar que encaja en el patrón de la observación teórica;

1) Condiciones sociales: conectividad comunicacional entre profesionistas, estudiantes y obreros.

2) Tensión en la estructura social: surge como respuesta a los efectos económicos y sociales producto de la privatización del Combinado Industrial Sahagún

(Diesel Nacional DINA, Siderúrgica Nacional SIDENA y Constructora Nacional de Carros de Ferrocarril CNCF).

3) Creencia generalizada: Socialismo del Siglo XXI. Proyecto de transformación.

4) Factores precipitantes: problemas económicos y sociales al interior de la ciudad.

5) Movilización: foros de discusión y presentación de las propuestas programáticas.

6) Fallo estructural. Fraude a los obreros de DINA y CNCF. Corrupción y nula intervención del Estado en la solución del conflicto. Liderazgos sindicales corruptos.

El proceso lineal que da origen al MIDP es producto, evidentemente, de una dinámica de conflicto, una serie de fallos en las estructuras institucionales que en México han sido generalizadas. El cuestionamiento para la teoría sociológica clásica sería acerca de la inexistencia de movimientos sociales como un síntoma de fallo en la estructura social. Vemos ante nosotros una disyuntiva dialéctica materializada. Así como la existencia de movimientos sociales representa la incapacidad de las estructuras institucionales para mantener el orden social, el caos institucional frente al surgimiento de movimientos sociales de transformación significa una forma de equilibrio cibernético, que sustituye los modelos fallidos de dominación por alternativas de control y equilibrio.

No es que se difiera de la teoría clásica, así como la negación de los nuevos planteamientos, sino expresar que los contextos sociopolíticos son amplios, y para el destino de los MS no hay cabida para las generalizaciones. Bien podría ser en un sentido opuesto a la dinámica del progreso, así como su contraparte dialéctica. Y en la síntesis del conflicto social están también los movimientos sociales.

Teniendo como advertencia que no todos los movimientos presentan la misma dinámica histórica, así como la ambigüedad de su relación con la modernidad y el orden institucional. Consideramos que los MS son una realidad actual; ya sean funcionales, revolucionarios, racionales; disfuncionales, conservadores, irracionales. Los MS existen y son un producto social.

Para lo cual, nuestra contribución sería, a partir de la observación del MIDP, exponer, reiteradamente como estudio de caso, los elementos del éxito y fracaso en el logro de los objetivos particulares emanados de la dinámica de la acción colectiva.

El desarrollo de las fuerzas productivas no es un elemento de menor importancia en la evolución de los MS. Mientras en el siglo XIX la base social carecía de un importante grado de racionalismo, lógicamente en función de su base productiva, en la actualidad la constitución de los movimientos es diametralmente distinta. La profesionalización de la base productiva social, que domina actualmente en la estructura constitutiva de las agrupaciones, no podría comparase en sus aspectos mínimos al siglo pasado. Elemento que cambia la balanza en favor de la pertinencia de los movimientos sociales. La calidad de la interpretación de la realidad social, las explicaciones construidas y las propuestas alternativas de cambio son, en efecto, más avanzadas que las de los movimientos del pasado, considerando que además, la teoría clásica podría estar olvidando el concepto de vanguardia, sobre las que descansaban estructuralmente las agrupaciones revolucionarias, y que, como lo mostraremos más adelante, parece no desaparecer con el tiempo, develando que su importancia está revestida de poderosos estigmas, ya sean movimientos independentistas del siglo XIX o los actuales llamados movimientos de las minorías continúan prescindiendo de una dirección vertical en la mayoría de los casos.

Sean revolucionarios o reformistas, los movimientos que aspiren a la llamada "toma del poder" por medios electorales, pueden considerar las observaciones que hacemos al respecto del desempeño asociativo de las organizaciones sociopolíticas.

Dividimos las observaciones en dos ámbitos; subjetividad y objetividad. Lo que a nuestro criterio está concentrado en el plano de las ideas, de lo intangible, y lo puramente material, físico. Cerramos con algunas observaciones generales y la conclusión de nuestras observaciones.

PRIMERA PARTE

De los elementos subjetivos. La base ideológica.

Observaciones

1. El interés legítimo.

OBSERVACIÓN: EXISTE UNA FUERTE RELACIÓN ENTRE LEGITIMIDAD Y HONESTIDAD.

La base de la legitimidad en un movimiento de transformación es la honestidad. Decir a los miembros de la organización, o del equipo de trabajo, la verdad de los objetivos, asegura la cohesión del grupo, crea un ambiente de confianza y amistad, indispensable para el elemento creativo.

Los movimientos sociales buscan la *transformación* de las *formas de dominación*, no pueden pretender -porque esto sería un absurdo- eliminar los elementos de *coerción social* (que permiten el funcionamiento de los Estados modernos). Más bien, a lo que realmente aspiran -los grupos sociopolíticos- es a la sustitución de las formas y los mecanismos del poder y la dominación. Sin adjetivar el concepto, el cual, sin base teórica, es visto despectivamente, reconocemos que el poder coercitivo del *Estado* puede cambiar, por ejemplo, de modos represivos y violentos a diseños institucionales pacifistas; las formas de dominación que privilegian a una clase social pueden cambiar a mecanismos de equilibrio entre las clases, o incluso, en casos de revolución, puede cambiar la dominación de una clase social privilegiada por la dominación de la clase social oprimida, que pasa de una correlación de fuerzas desfavorable a una correlación de poder y ventaja por sobre las demás clases sociales. Nos referimos a las formas de dominación que todo movimiento de transformación pretende reconfigurar.

El caso del MIDP es un claro ejemplo de esta premisa básica. En el año 2002, un grupo de estudiantes universitarios toman instalaciones sindicales, abandonadas al uso puramente recreativo (desconectadas de su carácter de clase), para lanzar la afirmación, a *"las víctimas del capitalismo"*, de la urgente necesidad de *"tomar el poder político"*. Al tiempo que explica claramente la sustitución del ejercicio del poder por una clase oprimida, expresa que *el medio* es la toma del poder del *Estado*. Aunque una abstracción general, en la práctica una demostración de honestidad y realismo político.

Una afirmación en este sentido genera, invariablemente, una reacción cuasi natural de repulsión, pues el concepto *"poder"* invoca imposiciones externas asociadas a la injusticia y a la dominación de clases generalmente despreciables. Sin embargo, la táctica, que en un primer momento puede

INTERÉS LEGÍTIMO.

resultar en cierto desagrado, abre la perspectiva de una necesidad que debe ser resuelta.

El manifiesto expresado por los fundadores del MIDP, dio paso a dos formas de transformación de la dominación; la creación de una organización vertical, y la búsqueda de un poder mayor. En ambos casos, siempre presente la existencia de una fuente de concentración del poder político; el *"liderazgo"*. La dirección de una agrupación puede ser compartida o exclusiva de una persona. El liderazgo, como un concepto, no debe entenderse en sentido negativo, o con juicios de valor, sino como una forma de asignación o legitimación del mando. Ninguna organización podrá prescindir de un mando único. Para este respecto podríamos hablar de las organizaciones con fines económicos, y que tienen una fuerte división jerárquica de las funciones. La jerarquía no es vista despectivamente, por el contrario, es considerada desde la movilidad social como un mecanismo de progreso que, además de legitimar la estructura, genera motivación de entre los miembros para un desempeño más efectivo de las actividades.

Cabe señalar, que no será superada la primera transformación de la dominación si el líder es asociado a las formas existentes de coerción, el público al que se

INTERÉS LEGÍTIMO.

dirige el mensaje no mostrará obediencia a formas ajenas o a imposiciones voluntaristas. La *"pertinencia"* del mensaje, en esta primera etapa es fundamental. El discurso primero deberá correlacionar dos variables cualitativas y generales; primero, *tomar el poder*, y segundo, sustituirlo por una *nueva forma de dominación*, ampliamente aceptada.

Los movimientos sociales deberán dejar de lado el *romanticismo*, para dar paso a expresiones discursivas absolutamente honestas, pues nadie, en su sano juicio, estará dispuesto a aportar un minuto de su tiempo, y mucho menos de sus recursos económicos, para contenidos entre líneas.

En México, sin excepciones geográficas, la característica del poder ha sido, básicamente, *plutocrática*, son los grupos económicamente privilegiados los poseedores de los medios de dominación. La demanda socialmente aceptada no es someter a los grupos económicos, sino, sencillamente, formas de dominación equilibradas. Y aunque esta aspiración es, en esencia, simple, y en buena medida necesaria, la *resistencia al cambio* es absoluta, y la reacción del grupo en el poder siempre estará dirigida hacia el sostenimiento de sus estructuras.

INTERÉS LEGÍTIMO.

2. Liderazgo.

OBSERVACIÓN: RELACIÓN ENTRE LIDERAZGO Y EFICIENCIA.

Una organización, particularmente aquella en la que sus miembros actúan por premisas ideológicas o motivacionales, depende, esencialmente, de un amplio espectro de participación democrática, en el que cada persona pueda actuar y decidir por sí misma, sin embargo, debe existir una forma de mando única, la cual evita la anarquía y potencializa las capacidades de cada miembro del grupo. La presencia de dos o más liderazgos genera conflictos irreconciliables.

El caso del MIDP es un buen ejemplo de la fuerte relación entre *eficiencia* y *liderazgo*. En el año 2002, irrumpiendo la supuesta calma colectiva, surge una organización abiertamente decidida a la toma del poder político, trastocando la normalidad –en apariencia- con la que se había vivido la *"democracia"* local.

Pero no es una abstracción el surgimiento del MIDP, es en las oficinas del Sindicato de trabajadores de la extinta empresa paraestatal Diésel Nacional, **DINA** donde, un colectivo de universitarios convocara a diferentes sectores sociales a un *foro de discusión*, que más tarde transitara hacia vías de participación electoral. Durante más de diez años la dinámica no cambió, el centro del mando descansó en un reducido grupo de personas, que llevaron a cabo una compleja división del trabajo, asignando tareas y motivando con el ejemplo ¿podría haber existido el MIDP sin la presencia de un liderazgo? Después de la experiencia de caso, sin respuestas dicotómicas, podemos decir que existe una relación importante entre la existencia de un liderazgo y el desempeño de una asociación. La determinante es, puramente, social, es decir, las condiciones sociales son las que, invariablemente, dieron origen a la agrupación. Son las condiciones sociales las que crean o eliminan a los grupos, mientras que el desempeño de cada una de las asociaciones está relacionado a variables muy específicas -la existencia de un liderazgo, por ejemplo-.

Podría mal interpretarse aquí nuestra explicación, y creer que estamos insinuando que los grupos nacen por su propia voluntad de organizarse bajo principios ideológicos. Absolutamente falso. Sostenemos, como

LIDERAZGO.

premisa fundamental, que las organizaciones son un producto social, los individuos que en ellas participan también operan bajo determinantes sociales, no son ajenos al contexto ni aparecen espontáneamente, así como los liderazgos, viven un proceso de construcción social. Así, además, dentro de nuestra exposición, dejamos fuera las explicaciones basadas en individualismos o psicologismos. Los liderazgos deberán responder a la dinámica que la sociedad impone o desaparecerán por completo, irremediablemente.

Hablamos aquí de variables que influyen en el desempeño asociativo de las organizaciones sociales, al igual que hacemos referencia al proceso de transformación de una organización civil a una agrupación con fines electorales.

Dentro del abanico de organizaciones tomamos, en particular, grupos que abiertamente buscan acceder al poder público, y decimos, en resumen, que crecen bajo la coordinación de liderazgos, cuya efectividad descansa en prácticas muy específicas.

La base motivadora de la participación es el *carácter democrático*, pero la efectividad de las participaciones, en sus diferentes formas y capacidades, es, evidentemente, el *liderazgo* de una persona, la cual, en

32

LIDERAZGO.

un ejercicio permanente de interacción social construye una red de relaciones sociales que con el paso del tiempo y las vivencias solidifican su estructura y refuerzan la autoridad del liderazgo.

Por otra parte, la legitimidad tiene, además, un factor externo. Mientras que los liderazgos durante los primeros años del siglo XX en México fueron, básicamente, caudillistas, con elementos más cargados hacía aptitudes de valentía y habilidad para la guerra, en la actualidad la sociedad reclama aspectos técnicos muy concretos. No se trata, ahora, de eliminar físicamente a los grupos opositores para construir nuevas formas estamentales, sino avanzar hacia conceptos como la eficiencia o la excelencia de los servicios. Los liderazgos actuales no son vulgares "caudillos". El proceso de transformación actual requiere de profesionales altamente especializados, capaces de identificar áreas claves de la administración pública, hablando de movimientos sociopolíticos.

Las demandas ciudadanas son muy específicas; servicios de calidad, transporte, seguridad pública, espacios urbanos, etc. El liderazgo de un movimiento de transformación implica, invariablemente, un análisis realista de la administración pública. Las propuestas viables sólo pueden ser construidas desde el

33

LIDERAZGO.

conocimiento especializado del entorno. Fuera de esta capacidad técnica queda el sostenimiento del estado común de las cosas.

El movimiento social que no dé cabida a los cuadros más avanzados de entre sus filas, aquellos grupos que no reconozcan una figura de liderazgo basada en las capacidades profesionales, personales y éticas, estará reproduciendo los mismos esquemas de dominación, pues la capacidad de identificar las variables clave de cambio en el actual sistema mundo requieren de conocimiento científico y práctico.

Sin caer en el anacronismo caudillista del siglo pasado, reconocer la importancia de identificar a *"los mejores"* para el importante cargo de liderar a la organización es más que una simple clave de éxito (porque en este sentido en los movimientos sociales es un concepto en el largo plazo), es una condición de disciplina y orden, presentes siempre en las instituciones privadas que buscan sobrevivir a condiciones mercantiles extremadamente agresivas.

La *sobrevivencia* del grupo, cualitativa y cuantitativamente, depende de la capacidad del liderazgo en la toma de decisiones, por lo tanto, y aún a pesar de las formas democráticas de participación, seleccionar a quien llevará el destino del grupo

34

LIDERAZGO.

pareciera ser una de las tareas más relevantes. Y si el conjunto de personas ha decidido la vía de la participación política no tiene por qué hacer del liderazgo un tema tabú.

3. Proyecto.

OBSERVACIÓN: RELACIÓN DESEMPEÑO Y VISIÓN DEL FUTURO.

Una organización, que no tiene definida -con claridad- una visión del futuro posible, no podrá establecer parámetros que midan el grado de cumplimiento ni podrá calendarizar las acciones para lograrlo. Sin medición no existe capacidad de crítica, elemento sustancial para seguir los caminos correctos y corregir las desorientaciones peligrosas. El proyecto es la brújula de la organización.

Al igual que el liderazgo, el *proyecto* no es una abstracción, aunque subjetiva, es un *producto social*, en contenido intangible pero *socialmente real*. No importa si su existencia es electrónica o impresa, el proyecto está plasmado con orden y *metodología*, o bien, trazado con *símbolos* y *representaciones gráficas*, puede hacer incluso referencia a un documento más amplio. Cualquiera que sea su forma de expresarse, el proyecto existe. Haciendo la analogía, es el conjunto de programas que alimentan al sistema operativo de la organización.

Como se mencionó al inicio del texto, el presente no es un ejercicio de *tesis militante*, ni se pretende en él establecer cuál es o no la alternativa de transformación para los problemas sociales que enfrenta nuestro país o el sistema mundial. Hacemos referencia objetivamente al caso del MIDP, quienes establecieron como proyecto *"La Democracia Participativa"*, que expresa formalmente las tesis de un proyecto más amplio, es decir, elaborado por una fuente externa y con difusión nacional e internacional. El nombre técnico del proyecto es *"Socialismo del Siglo XXI"*, no abordaremos nuestros particulares puntos de vista al respeto del contenido del plan, sólo desarrollaremos dos elementos del proyecto que fueron la clave de la ejecución de las acciones y los trabajos.

A) el concepto de *"Democracia participativa"*. Filosofía principal del modelo teórico, que implica imponer como forma de gobierno el principio de la participación democrática en los aspectos más importantes de la vida económica y política, y que se puede interpretar de lo macro a lo micro, por ejemplo, un gobierno nacional debería, bajo esta premisa, someter a consulta popular decisiones trascendentales y

PROYECTO.

37

fundamentales de gobierno, tales como programas sociales, obra pública, educación, etc. Un gobierno local, siguiendo el mismo ejemplo, debería someter a consulta popular el ejercicio del presupuesto, los servicios públicos, etc.

Para el MIDP el objetivo principal era llevar la democracia participativa al tema de la industria en Ciudad Sahagún, someter a consulta la posibilidad (bajo el contexto de la época) de intervenir en la solución del conflicto obrero provocado por las privatizaciones y el fraude hacia la clase trabajadora. Así como someter a consulta el apoyo a los cesados y sus familias. Definitivamente un cambio radical en el estado común para la clase política, acostumbrada a ejercer el presupuesto y las decisiones de gobierno unilateralmente y en beneficio de una clase.

B) el segundo fundamento teórico del proyecto, que considero de los más importantes, es la *"Ética"*. Toda acción que cause una *víctima* es un acto *anti ético*, por lo tanto, inaceptable. El sistema capitalista implementado en México en los últimos treinta años es, bajo esta perspectiva, un sistema profundamente anti ético, por la cantidad de víctimas que ha generado.

PROYECTO.

Ilustración 1. Heinz Dieterich Stefan, izquierda. Desarrolló teóricamente el concepto "democracia participativa" y la propuesta del "Socialismo del Siglo XXI", bases teórico metodológicas del MIDP.

En el año 2004 la publicación del libro "Un proyecto alternativo de nación: hacia un camino verdadero" sustituye el documento inicial para el MIDP. Heinz Dieterich deja de ser la vanguardia en el proyecto del movimiento para ser sustituido por una figura más práctica; Andrés Manuel López Obrador. La ideología resulta ser menos universal y más realista, el camino trazado está diseñado de forma más clara y precisa para el caso del Estado mexicano. Ya no son ideas generales, sino más bien acciones concretas, puntos específicos que expresan una visión muy clara del

PROYECTO.

futuro inmediato en el espacio vital de la organización. Cuestiones prácticas vinculadas a las motivaciones del movimiento están mejor delineadas, como el caso de las victimas generadas por las políticas privatizadoras, así como la necesidad de una participación democrática ante el viejo esquema institucional.

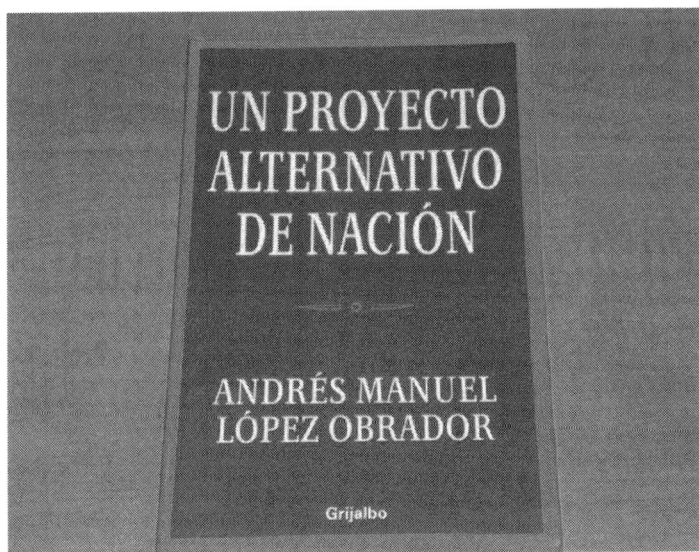

Ilustración 2. El texto presentado por Andrés Manuel López Obrador, "Un proyecto alternativo de nación. Hacia un cambio verdadero", publicado en el año 2004, sustituye al texto de Dieterich "Fin del capitalismo global - el nuevo proyecto histórico" que el MIDP había tomado como base metodológica.

El proyecto es la idea clara del fututo, en el corto, mediano y largo plazo, un elemento fundamental en las organizaciones sociopolíticas. No puede un liderazgo

40

PROYECTO.

ser eficiente sin un programa de trabajo que descanse en terreno firme.

Podemos observar que en el MIDP crece exponencialmente el número de miembros -en función de la **claridad** del proyecto de transformación- y el ajuste de su agenda a calendarios electorales incrementa, por un lado, la participación, y, por otro lado, obliga al establecimiento de sistemas disciplinarios más rígidos al interior de la organización a partir de fechas concretas de trabajo.

De haber permanecido en el debate filosófico, el grupo, no habría avanzado tan rápidamente. La importancia del proyecto determina en buena medida la velocidad con que los grupos pueden alcanzar sus metas, y es, por tanto, de importancia vital, no sólo tener la proyección correcta el futuro, sino, además, saber en qué momento cambiar hacia paradigmas más pertinentes.

PROYECTO.

Ilustración 3. El entonces Jefe de Gobierno del Distrito Federal, Andrés Manuel López Obrador, es visto por el MIDP como una vanguardia nacional, separado de la clase política existente. A partir de entonces, el movimiento pasa a constituirse como una extensión de las Redes Ciudadanas.

El proyecto deberá contener **beneficios** concretos, tanto para la sociedad en general como para los miembros del grupo. Un proyecto que logra compartir la visión del futuro, sobre la base de beneficios reales, logrará encaminar la acción del colectivo a formas más disciplinarias. El arreglo a beneficios mantiene la moral en momentos difíciles y ante situaciones adversas, incluso puede ser la guía en ausencia del liderazgo, aunque no será un sustitutivo del mando único, la

PROYECTO.

claridad con la que sea expresado el proyecto orientará en todo momento los trabajos y las acciones colectivas.

Por último, otro aspecto destacado del proyecto es la **metodología**. Deben estar perfectamente claros, a manera de ruta crítica, los diferentes pasos a seguir para el logro de los objetivos. No se trata de la mera brújula ideológica -como el ejemplo del "Socialismo del siglo XXI"- que deja abiertas muchas dudas que, generalmente, los colectivos no podrán resolver. El proyecto debe ir más allá de los componentes generales y explicar el camino y los instrumentos con toda precisión, identificando, incluso, aquellas alianzas necesarias con grupos afines, así como las advertencias ante amenazas externas que pueden llevar al fracaso.

PROYECTO.

4. Declaración ofensiva al status quo

OBSERVACIÓN: RELACIÓN OPOSICIÓN Y PERTINENCIA.

La sociedad mostrará, en mayor o menor medida, resistencia al cambio. En un primer momento, las intenciones transformadoras del grupo serán objeto de repulsión. Si la necesidad de proponer un cambio en un aspecto específico es absolutamente necesario, entonces, se deberá iniciar una batalla en su contra. En la medida en que el grupo avance en la imposición de sus ideas podrá medir la pertinencia de sus propósitos, pues difícilmente una sociedad acepta cambios en aspectos aberrantes.

Debe ser vista (la reacción de resistencia al cambio) como un fenómeno natural de sociedades e individuos. Aquellos movimientos que pretendan un cambio o una transformación deberán estar abiertos, al mismo tiempo, a la posibilidad de crítica de sus propias propuestas fundamentales, sin que esto signifique una carta blanca a la inmediata posibilidad de renunciar a los planteamientos programáticos.

El colectivo abre una visión del futuro, posible en el mejor de los casos. Contrastándola frente a un sistema de cosas existente, real. La capacidad del espectador para imaginar el mundo bajo otros esquemas es, más bien, responsabilidad del movimiento sociopolítico, ahí la importancia social de estos grupos, que, ajenos al ejercicio real de la política, proponen formas diferentes en el terreno de las ideas.

El MIDP planteaba, por ejemplo, "la democracia participativa" como eje fundamental de la vida pública. Mientras, hoy en día, tras el contundente triunfo de Andrés Manuel López Obrador, la democracia participativa es una realidad en la vida pública nacional, en formas iniciales, hace 15 años era considerada, por la misma base social, como un "*radicalismo*" o una "*utopía*", vista con aberración y desprecio, pero, lentamente, a través de la acción de miles de movimientos sociopolíticos, se convirtió en una realidad programática en el gobierno federal actual, quien, en mayor escala que el MIDP, se dio a la tarea de crear un proyecto de ofensiva al *status quo*. Por lo tanto, los movimientos sociopolíticos experimentarán rechazo social, al que no deberán hacer frente. Sino encaminar sus esfuerzos en el logro del objetivo de transformación. La resistencia al cambio irá disminuyendo en la medida en que el movimiento ejerza influencia, ahí la importancia de medir,

45

estadísticamente, el avance en el rechazo o aceptación de sus propuestas, sobre las que, en ocasiones, será necesario un replanteamiento o, incluso, una renuncia consciente.

Ilustración 4. Liderazgos nacionales, testigos del fraude electoral en Hidalgo. Alejandro Encinas, izquierda, visita al MIDP para atender el proceso electoral; Fraude, guerra sucia, compra de voto y prácticas electorales anti éticas a la orden de los candidatos del PRI. El discurso crítico y la resistencia al cambio de la misma sociedad ayudaron al fraude.

DECLARACIÓN OFENSIVA AL STATUS QUO.

A este respecto, en el año 2007 inició la campaña intermedia para renovar el congreso local del Estado de Hidalgo, el movimiento lanzó su propuesta de candidatura y fue extraordinariamente recibida por la ciudadanía, con un nivel de aprobación, al arranque de campaña, del 58% con respecto a sus oponentes (según la encuesta del *Diario Milenio Hidalgo*).

Pero, al mismo tiempo la aprobación al gobernador era muy superior, de casi 80%. Siendo un movimiento crítico y de propuestas de transformación, la estrategia no cambio en su ofensiva al gobierno del estado y hacia su representante –Miguel Ángel Osorio Chong-, y, en menos de un mes, la aceptación del candidato por el MIDP cayó al 25%.

El oficialismo, con el apoyo económico y humano del Estado, aplastó electoralmente al movimiento, con ayuda, en gran medida, de la resistencia al cambio de la propia ciudadanía.

Para el 2008, en las elecciones municipales, el MIPD entendió que "omitir" del discurso la ofensiva al estado común era necesaria para reducir la resistencia al cambio. En esta ocasión, se aplicó una encuesta de opinión, para medir la pertinencia de los planteamientos de oposición, determinando cuáles de

47

ellos ya habían permeado en el imaginario colectivo y cuáles aún generaban rechazo.

Con los datos obtenidos, el equipo de campaña del candidato por el movimiento segregó del discurso elementos de rechazo y se concentró, únicamente, en aquellos en los que el MIDP había logrado posicionar como "prioritarios". Se obtuvieron exactamente los votos planeados, en un escenario absolutamente controlado por el equipo de campaña. El grupo en el poder (gobierno estatal, municipal, partidos oficiales – así como los partidos de "oposición"-, estados vecinos, organizaciones civiles, sindicatos, organizaciones religiosas y medios de comunicación) implementaron una fuerte estrategia electoral, siendo la región el epicentro de la lucha política en Hidalgo, todo para *"evitar la propagación de las propuestas transformadoras del MIDP"*. Un simpatizante, empresario, informa al movimiento, de forma anónima, que "Osorio", gobernador en turno, citó a las fuerzas políticas de la región con el propósito de informar que "él mismo" llevaría la coordinación de la campaña del candidato oficial -que enfrentaría al MIDP-, por "la importancia del municipio" en términos económicos y políticos para sus aspiraciones futuras. Años más tarde, Osorio, se convertiría en Secretario de Gobernación.

Para derrotar al movimiento, además de la guerra sucia y la participación activa de la llamada "clase política hidalguense", se implementó un novedoso sistema de fraude, conocido después como "turismo electoral", (muy citado, dicho sea de paso, en cursos y pláticas de en los institutos electorales, causando "asombro" al público el hecho de que "casualmente" la legislación no estaba preparada para atender "aquella situación").

5. Escalada motivacional

OBSERVACIÓN: RELACIÓN MOTIVACIÓN DESEMPEÑO ASOCIATIVO.

Garantizar la motivación al interior de la organización es, en el terreno de las ideas, necesario para asegurar la disponibilidad de fuerza de trabajo. Mayor motivación, mayor fuerza de trabajo, y por lo tanto mayor desempeño asociativo. La creatividad en el ejercicio motivacional debe ir en aumento según el avance de las tareas calendarizadas. Los calendarios electorales reclaman aumentar en escalada la motivación del grupo.

A diferencia de otras formaciones sociales, las organizaciones sociopolíticas que se han propuesto como medio la vía electoral, tienen un punto de inflexión que llamaremos *"escalada motivacional"*; un proceso en el que, conforme se acercan fechas cruciales, incrementa el nivel de actividad, tanto al interior como al exterior de la organización. En este devenir de procesos, las organizaciones tienen fuertes presiones endógenas y exógenas. El nivel de estrés, tensión, así como la cantidad de tareas que deben desempeñar los miembros de la organización, crece y cae rápidamente. En este momento, el liderazgo debe escalar también la *motivación*, la cual no se refiere únicamente al discurso, debe estar acompañada también de realidades materiales inmediatas, si los miembros del equipo no logran proyectarse a sí mismos el beneficio de la acción colectiva difícilmente escalaran en motivación.

Únicamente las acciones bien ejecutadas -una dirección correcta en torno a la victoria electoral- pueden ser realmente motivacionales, no se puede construir motivación a partir de falsas promesas o realidades encontradas.

Los participantes deben ser motivados con información precisa, verdadera, de lo contrario la escalada motivacional no se dará a tiempo, y el peso de las actividades agotará a la vanguardia. Un ejemplo de esto es la comparación entre dos momentos electorales; la elección de presidentes municipales de 2008, en Hidalgo, y la elección de presidente de la república de 2012. Reconocer, primero, que en las dos elecciones el fraude electoral, la abusiva utilización de recurso público, las estrategias sucias de campaña y los innumerables casos de acoso a la militancia -ya sea en sus trabajos o físicamente en las calles- fueron la determinante última del resultado electoral. Sin embargo, un elemento de comparación es que, en el

ESCALADA MOTIVACIONAL.

análisis de la participación del MIDP tuvo una diferencia significativa la escalada motivacional. A pesar de que en la elección municipal no había la cobertura mediática como en la elección de presidente de la república, la primera tenía una escalada motivacional diferente, pues las posibilidades de acceder a los espacios de la administración pública eran más realistas –concretos-, así como las posibilidades de triunfo, las cuales, definitivamente, eran mucho mayores para el candidato del MIDP en aquel difícil momento. Aunque, en los dos casos, nuevamente, la derrota estuvo a la orden del día. Tres elementos aumentan la motivación de los movimientos sociopolíticos, el primero de ellos es, según lo observado, **la correcta planeación y ejecución de las estrategias**. Nada genera más motivación que los resultados tangibles, lo cual es responsabilidad absoluta de la dirección de la organización.

El segundo elemento que tiene una relación directa con la escalada motivacional es el **acceso a información precisa y verdadera**, por ejemplo, las encuestas de las tendencias de voto o preferencias electorales, las cuales representan una evaluación de las actividades que la organización está ejecutando bajo determinado liderazgo. Aquí interviene también la honestidad, los miembros que ostentan la dirección del grupo deben ser honestos en todo momento, la mentira sólo servirá para

52

fracturar los lazos de amistad que con el paso del tiempo y las experiencias se van creando. El tercer elemento es el **beneficio en el corto plazo**. Aunque los movimientos sociopolíticos tienen una razón de existencia filantrópica, y persiguen ideales más allá de los intereses personales, la existencia de posibilidades reales de acceder a espacios de poder en el corto plazo genera una forma de motivación de alto grado. Mientras la "clase política vulgar" tiene ambición económica y personal, los miembros de las organizaciones sociopolíticas valoran la posibilidad de participar directamente en un movimiento de transformación dentro de las esferas gubernamentales, esta idea a razón de su posibilidad real genera una motivación difícilmente comparable, ya que esta última nace de complejos procesos ideológicos del propio sujeto. No deberá ser el logro de los espacios públicos, la razón última. Para evitar aspiraciones ilegítimas, el MIDP en la elección municipal de 2008, utilizó una estrategia particular. La campaña se desarrolló sin mencionar espacios o nombres de posibles ocupantes, se trató la elección como si se buscará un solo cargo, que ocuparía una sola persona, se utilizó la frase *"el movimiento no es una agencia de empleo"*, frase que sirvió, además, como elemento de diferenciación con respecto a la clase política, y como otro más de los mecanismos de transformación.

SEGUNDA PARTE

De los elementos objetivos. La base material.

Observaciones

6. Formalismos

OBSERVACIÓN: RELACIÓN FORMALISMOS-
IDENTIDAD-CONFIANZA.

Los símbolos que identifican a los miembros del grupo -así como la formalización de la asamblea y sus acuerdos- tienen una relación directa con el ambiente de trabajo al interior de las organizaciones sociopolíticas. Los formalismos no son exclusivos de las instituciones de gobierno o de las clases dominantes, los actores de las organizaciones de transformación también deben hacer uso de los diferentes mecanismos que dan formalidad al trabajo e identidad grupal.

Es muy difícil que las organizaciones den este importante paso hacia la formalización. En el caso de los movimientos que participan en elecciones este proceso puede ser más común. El primer formalismo es la constitución de la organización. La mayoría de los partidos políticos tienen perfectamente clara la importancia este propósito. El Acta Constitutiva de la asociación, ya sea partidaria o de la sociedad civil, tiene la función de forjar, a través del "objeto social", la razón de ser de la organización. No es un detalle menor, pues en la formalización de la organización se establece, además, el liderazgo y la administración de los recursos. Aquí, los miembros de la organización aceptan, formalmente, ceder la dirección de los trabajos a quien ha sido designado, preferentemente por méritos y profesionalismo, como líder del movimiento sociopolítico. Es, quizás, el primero de los recursos formales necesarios para dar curso a una organización eficiente.

El simbolismo se formaliza en el acta constitutiva. Crear símbolos que representen los ideales de una agrupación es igualmente necesario. La identidad es una abstracción, pero también es concreta. Definir sistemas simbólicos para resumir o expresar ideas no significa una conducta primitiva o un mero anacronismo voluntarista. Los símbolos representan a personas, o grupos de personas, familias, proyectos económicos y políticos, beneficios, protección, territorio, etc. Encierran, en cierta medida, el imaginario de lo que históricamente sea ampliamente compartido. Por lo tanto, debe considerarse como fundamental para futuros momentos en los que la motivación y el llamamiento de recursos morales requiera de expresiones artísticas o gráficas de rápido acceso.

FORMALISMOS.

Las redacción y formalización de actas (ya sea para acuerdos, cambios y modificaciones programáticas, o cualquier acción posiblemente realizada), así como las formalidades de un documento que contenga el aval de todos los miembros, es indispensable para cualquier formación social. El proceso de constitución de un grupo de la sociedad civil enseña, y obliga a los miembros a aprender aquello que desconocen; a llevar a cabo asambleas de trabajo, las cuales implican una invitación formal, un orden del día, un formato de participación, una moderación de mesa, y las respectivas actas de acuerdos debidamente firmadas y autorizadas por todos los miembros.

Las reuniones se llevan a cabo con una periodicidad ordenada y disciplinada, y cuando se requiere, la mayoría de las veces según los calendarios electorales, se celebran asambleas extraordinarias con los mismos elementos formales, democráticos e incluyentes. Lo cual no es un asunto menor.

FORMALISMOS.

Ilustración 5. Disciplina y formalidad, base del éxito de las organizaciones sociopolíticas.

El factor de éxito o fracaso de las organizaciones también puede estar en función de la capacidad de dar formalidad al ejercicio de su democracia interna, así como la capacidad de resolver, por parte de los liderazgos, formalismos que se presentarán con mayor complejidad según el avance de los calendarios electorales.

"Forma es fondo". La eficiencia de la organización está fuertemente relacionada con los formalismos, los

FORMALISMOS.

cuales llevan invariablemente a un ambiente más cordial y eficaz en la ejecución de sus proyectos. Mediante los formalismos la organización deja el ser un grupo de amigos reunidos por la simple afinidad para convertirse en una organización eficiente, que es vista en el exterior como un ente disciplinado y serio, creada por los mismos intereses sociales de transformación, que responderá propiamente a las demandas que le dieron origen. El MIDP nunca formalizó legalmente su sociedad. Siempre llevó a la práctica los mecanismos formales y simbólicos de una asociación civil debidamente constituida; destinaron un día en específico para la celebración de asambleas, las cuales respondían a un orden del día y cuyos acuerdos se establecían en documentos que contaban con el aval de todos sus miembros, toda vez que deliberaban sus puntos particulares de vista.

No se consolidó la formación legal de la organización, los candidatos emanados del movimiento formalizaron sus participaciones con el aval de la asamblea del MIDP sin "necesidad" de que la organización siguiera un marco institucional para su existencia. Los símbolos del movimiento eran más bien del exterior, tomaban de fuera aquellas ideas y proyectos que más se ajustaban al interés del grupo haciéndolos propios, grabando en murales, propaganda y documentación impresa toda forma de identidad. Este hecho escalaba en el ánimo de

60

los miembros de la organización, pero dejó un vacío de identidad que era necesario. En el ambiente sociopolítico es fundamental la identidad; un escenario compuesto de grupos que luchan por el poder político, basado en negociaciones con arreglo a la capacidad de sus liderazgos para imponerse, mediante la organización, el apoyo de simpatizantes y la disponibilidad de recursos.

Un grupo sociopolítico formalmente constituido es indispensable para reforzar la identidad de los miembros con respecto a la distinción del resto de las agrupaciones. Esto mejora las relaciones sociales y obliga a los miembros a definirse grupalmente ante el exterior, resultará mucho más fácil distinguir entre amigos y enemigos en un mundo caracterizado por la guerra (política) y el deseo del exterior por desaparecer físicamente toda expresión social importante que pretenda transformar el orden de cosas.

7. El espacio físico.

OBSERVACIÓN: RELACIÓN ESPACIO FÍSICO Y
DESEMPEÑO ASOCIATIVO.

*A pesar de ser un recurso de lugar común, la
expresión "fondo es forma" es del todo cierta.
El espacio físico de un grupo expresa
disciplina, organización y respaldo social.
Entre más detalles estéticos, simbólicos y físicos
existan, mayor aceptación social y mayor
desempeño asociativo, producto siempre del
fomento a la creatividad de sus miembros.*

Es común hacer uso de domicilios o bodegas
(propiedad de algún miembro del grupo),
especialmente cuando inicia un movimiento o cuando
la situación económica no está del todo bien. Pese a
todo, la contratación de un espacio propio en el que la
organización no tenga presión de ningún tipo es,
sencillamente, obligada.

El espacio físico es uno de los símbolos más
significativos, en su expresión material. Existen
organizaciones cuya imagen se expresa mediante un

edificio o una referencia arquitectónica. Así de importante en el imaginario colectivo es el espacio físico. Además de garantizar limpieza y comodidad, el espacio físico debe ser un lugar en el que la creatividad de los miembros se potencialice, esto no significa un cierto diseño, sino un arreglo puramente social. No se requiere mobiliario de lujo, mucho menos servicios de primera clase, o sirvientes y secretarios particulares (hecho que considero imposible para un movimiento sociopolítico), el factor de comodidad y creatividad nace de un simbolismo mayor en el que se requiere de un espacio para su expresión. En el MIDP se tuvo la oportunidad de rentar un espacio en una importante y visible zona céntrica en Ciudad Sahagún. El techo de lámina y los pésimos acabados de las paredes parecían un obstáculo para la comodidad y el potencial creativo. La respuesta fue sencilla, pero cargada de un fuerte elemento creativo. En la fachada principal se pintó un mural; el escudo usado por Benito Juárez, en el siglo XIX, en un fondo amarillo. Eran dos elementos relevantes para el momento; el escudo representaba la ideología nacionalista, y el fondo amarillo la necesidad de tomar el control del Partido de la Revolución Democrática para impulsar la candidatura del movimiento. En el interior se decoró con imágenes de ideólogos que cubrían áreas maltratadas o expuestas al exterior. En el centro un pizarrón blanco rodeado por una mesa redonda, diseñada por el representante de la organización como parte de un proyecto escolar en sus estudios de Diseño Industrial en la Universidad Autónoma Metropolitana UAM. Otro miembro del grupo, diseñador gráfico de profesión, también egresado de la UAM, ayudó en los trabajos: utilizaron una técnica creativa; calcar el logotipo durante la noche, mediante la proyección por computadora de una imagen de alta resolución, para, en el día, agregar color al mural. El resultado fue un dibujo de calidad que opacó por completo cualquier problema con el aspecto físico del inmueble, y generó en los simpatizantes una escalada motivacional.

La oficina tuvo así un valor doble; creatividad y motivación. La organización convirtió rápidamente un inmueble de poco valor en una oficina envidiable por el resto de las organizaciones, incluso aquellas que tenían todos los medios económicos. No lograban entender que el dinero era vencido por la creatividad. Ahí la importancia del espacio físico, y el potencial creativo de la organización. El ideal, claro siempre será tener los recursos suficientes para obtener el mejor lugar para el inmueble, pero esto no siempre es posible, la mayoría de las veces se optará por aquello que resulte económicamente viable, sin embargo, es la creatividad de los miembros de la organización, particularmente de las capacidades del liderazgo, lo que puede marcar la

64

diferencia. Pero cualquiera que sea la situación, el espacio físico deberá ser resuelto en el mejor de los términos.

8. Los recursos.

OBSERVACIÓN: RELACIÓN DEMOCRACIA Y MANEJO DE RECURSOS. ·

Las organizaciones, tanto públicas como privadas, requieren dinero. No es un fin último, por lo que la organización debe evitar perderse en el manejo y obtención de recursos financieros, de lo contario entrará en un dilema sin fin entre sus objetivos reales y el ilimitado deseo de dinero –que viven actualmente las corporaciones capitalistas-.

Los movimientos sociopolíticos nacen como parte de una necesidad colectiva, son, en términos generales, creados por las sociedades para atender demandas de las que ellos mismos, sin saberlo, se resisten a eliminar. Por lo que no deberán, los movimientos, perder el tiempo en el extraordinario mundo del dinero, deberán resolver creativamente la demanda de efectivo sólo en la medida del gasto necesario. Por ejemplo, el gasto más importante será, mayoritariamente, el pago de renta por servicios de oficina. La estrategia más común, es apelar a la solidaridad de los participantes y dividir el costo entre el total, el cual será menor en la medida en la que el grupo seleccione el mejor lugar y el mejor precio. Fuera de este gasto no son necesarios más recursos económicos, por muy exagerado o romántico que parezca. Un segundo gasto importante (que puede ser por cooperación o realización de algún evento, colecta o rifa) es el pago del acta constitutiva de la organización, pero que sólo requerirá de una acción. La organización no necesita involucrarse más en temas de dinero, pues no se debe comprometer con el pago de beneficios directos por gastos de servicios salvo que la facilidad lo permita.

En ningún caso la organización deberá pagar por servicios laborales a los propios miembros, o al menos no es lo más recomendable. En momentos de campaña electoral, en los que suele circular dinero en efectivo, los miembros serán, todo el tiempo, voluntarios. Aquí la importancia del manejo democrático de la actividad financiera de la organización.

La obediencia que se debe a la organización -dicho en términos sociológicos; la dominación-, en el caso de los movimientos sociopolíticos, es esencialmente por voluntad propia, o la que se ejerce por el carisma del liderazgo. Una forma de evitar despertar intereses económicos, aunque sea en relación baja, es no comprometer a ningún elemento del grupo en

LOS RECURSOS.

67

actividades políticas. Sólo en casos muy particulares algún miembro de la organización utilizará recursos para gastos personales, bajo la premisa de la aprobación mayoritaria.

El caso del MIDP experimentó las complicaciones del manejo del dinero. El mayor gasto de operación era en servicios de oficina, los servicios eran limitados; se reducían únicamente al pago de luz eléctrica. El mantenimiento era realizado por rotación, y el consumo y disponibilidad de café u otro servicio de alimentos estaban en función de la voluntad de los propios miembros del grupo. Sin embargo, al entrar a calendarios electorales las cosas cambiaban; se requería el trabajo (tiempo completo) de algunos participantes, así como servicios de comida, propaganda y viáticos. La organización no contaba con vehículos, por lo que sólo podía apoyar -en algunos casos- con dinero para combustible. El manejo de los recursos durante el ingreso a calendarios electorales era extremadamente complejo, en la mayoría de los casos el recurso resultaba insuficiente. Tres variables permitieron al MIDP potencializar el recurso; 1) la *democratización* del gasto de campaña. Se eligió un tesorero y se abrió como actividad permanente -en el orden del día- el concepto "gastos de campaña". El MIDP compartió el riesgo que implica ejercer el efectivo, impidiendo que alguno de los miembros utilizara capital en actividades

68

innecesarias. **2)** *Creatividad* en el gasto. El recurso para el MIDP, asignado por el partido político, era, por mucho, inferior al que utilizaría el partido en el poder. La única estrategia posible era potencializar el dinero - misma lógica utilizada para la oficina del MIDP-. Se trazó un plan de campaña particularmente diseñado para el monto asignado. Por ejemplo, en el caso de la propaganda, se tenía como antecedente que el oficialismo utilizaría miles de pendones para colgar en los postes de teléfono y electricidad, la respuesta creativa fue imprimir un par de lonas gigantes – "gigantografía", fue el nombre que asignó (a manera de burla por la diferencia de recursos) el equipo de campaña a la estrategia-, colocadas en el centro de la ciudad. Y diseñar una imagen utilizando el método científico, creada mediante una estrategia de comunicación política, que implicó la participación de diseñadores gráficos, sociólogos y politólogos (todos ellos miembros de la organización). El diseño superó, por mucho, al candidato oficial. Con una sola impresión, técnicamente, se derrotó propagandísticamente, al grupo en el poder. Resultó tan avasallante la victoria en la guerra de publicidad que la opinión al exterior era que "gobiernos de izquierda, como el de la Ciudad de México, estaban aportando dinero a la campaña del candidato del MIDP", lo que no sabían es que en la realidad el movimiento no tuvo dinero suficiente para pagar a uno sólo de los colaboradores por su trabajo, sin distinción de condición socioeconómica aportaron con dinero en efectivo o en especie. Para poner un ejemplo de esto último, un compañero jubilado –ex obrero de DINA- se ofreció como voluntario para realizar el aseo de la oficina y preparar el desayuno a los miembros de actividad permanente durante la campaña electoral.

Mientras se celebraba una asamblea de trabajo, compañeros del Municipio vecino de Apan, Hidalgo, miembros de una organización sindical entregaron al movimiento un sobre con dinero, era una colecta que habían hecho para apoyar la causa del MIDP, a falta, según ellos, de un movimiento de transformación en su localidad como aquel que se enfrentaba con tanta fuerza al régimen. La imagen proyectada al exterior también fue un estímulo para la capitalización del grupo.

Otra estrategia creativa para enfrentar la disparidad de recursos económicos (de los que disponía casi ilimitadamente el partido oficial) fue seleccionar cuidadosamente los diseños e imágenes de campaña. Los líderes del movimiento sabían, perfectamente, que sólo podrían disponer de un número reducido de material propagandístico, por lo que se optó por tomar cientos de fotografías y diseños para seleccionar de entre ellos el más aceptado por grupos de enfoque y

70

LOS RECURSOS.

cuestionarios de opinión. Después de cinco semanas de trabajo seleccionaron una única fotografía y un solo diseño, de esta manera el gasto de publicidad tendría el efecto deseado con el menor gasto posible, la frase utilizada por el equipo de campaña –como estrategia de ánimo- era *"ciencia versus dinero"*. Es quizás una de las ventajas sobre los grupos de políticos tradicionales, están tan confiados en las características del poder económico que menosprecian la capacidad de potencializar el dinero a través de la actividad humana creativa. Lo cual tiene un **doble efecto**; *ahorro de recursos y efecto sorpresa*. Cuando el movimiento lleva a cabo actividades no esperadas impacta profundamente en el publico espectador, que conforme avanza el quehacer propagandístico reduce el rechazo al cambio, e influye en el ánimo del adversario, ya que nada puede ser más dañino a la motivación que un golpe no esperado, aquellos movimientos aparentemente surgidos de la espontaneidad golpean con mayor dureza al ánimo y la creatividad del oponente. Mueven la balanza en la correlación de fuerzas. La escasez de recurso económico afecta, sin lugar a dudas, pero no es determinante del fracaso o éxito. Otra estrategia importante llevada a cabo por el movimiento fue extraer del partido político el recurso económico, completo, destinado para campaña.

El movimiento se negó a recibir propaganda elaborada por el comité central del PRD Hidalgo, exigiendo que a cambio se entregase el dinero. Después de varios días de exigencias a la dirigencia del partido se logró recibir en efectivo el dinero destinado para la campaña. Sólo por dejar como dato, la mayoría de los municipios, al término de la campaña devolvieron la publicidad entregada por parte del Comité estatal, ya que la recibieron a destiempo (incluso algunos al término de la campaña), de mala calidad y con errores ortográficos. Mientras que el candidato del MIDP, que elaboró su propia publicidad, fue el único que además de tener su propaganda política en tiempo y forma, tuvo la oportunidad de diseñar mensajes de alto impacto, creados para el público en específico.

Al parecer existía una relación -por lo menos así fue la percepción de un número importante de candidatos provenientes de los 84 municipios- entre la forma de actuar de la dirigencia estatal del PRD y los resultados electorales en Hidalgo, la secretaría de prensa y propaganda del partido fue objeto, también, de acusaciones de entre los miembros de la propia institución política, quienes reclamaban por la pésima calidad del material propagandístico que, según se mencionó, había sido encargado, en su totalidad, a una única empresa proveedora. El MIDP nunca tuvo acceso a información financiera del partido, sólo se tienen testimoniales a ese respecto.

Queda como observación, por lo tanto, que el manejo del recurso económico es muy importante para una organización, dejar que el dinero sea utilizado sin una participación democrática es un riesgo, más cuando se trata de personas ajenas a la dinámica de los movimientos, en el caso del PRD quedó clara la diferencia del uso del recurso económico con fines puramente personales, completamente alejados de la lucha social, y que tuvieron un impacto en el desempeño de aquellos que permitieron formas exógenas ajenas a mecanismos democráticos internos de participación.

El recurso es necesario para una organización, pero es fundamental el manejo democrático del mismo para mantener lejos los problemas asociados a la ambición.

9. Espacio de acción política.

OBSERVACIÓN: GEOGRAFÍA DE LA ACCIÓN.

Así como se delimita un espacio en el plano de las ideas, también es necesario delimitar un espacio físico para el desarrollo de las actividades, en función siempre de un análisis de posibilidades. No es el tamaño de la geografía de acción sino la capacidad objetiva de superar los retos que la sociedad pone al mismo territorio.

Durante la elección de presidente municipal, en el año 2008, el MIDP convocó a una reunión a los miembros más especializados en temas estadísticos y aquellos que conocían del *"terreno"* –tanto quienes destacaban por la experiencia como aquellos que dominaban temas de ciencia política– la pregunta era sencilla *"¿cuántos votos necesitamos para obtener la victoria electoral?"*

Después habría que hacer un análisis de los actores, de las necesidades sociales, del histórico de la votación, etc.

Responder objetivamente a esa primera pregunta le permitió, al MIDP, obtener la cantidad exacta de votos que se habían calculado. Pudiendo así encaminar toda la acción de campaña hacia aquel número en concreto. A esto llamaremos *conocimiento del terreno*. El *terreno* es nuestro *espacio de acción*.

No se trata de ideales de transformación que queden plasmados en el aire. La *posibilidad* del *cambio* atraviesa por una frontera entre las *ideas* y la *acción*. No es ciencia oculta, por lo que conocer el terreno y su población es fundamental para transitar hacia la objetivación del proyecto escrito. En este tema es necesario combinar todas las formas de conocimiento y encaminarlas hacia una dirección única. No se entienda, a esto, que la especialización sustituirá al mando.

La organización actúa, por lo tanto, en un territorio determinado. Pretender una transformación implica conocimiento, más allá del ámbito puramente geográfico, nos referimos al conocimiento amplio de la población, nutrido por la participación de un considerable grupo interdisciplinario de "trabajo". Fuera del conocimiento del entorno sólo podría quedar el conservadurismo anacrónico del vulgo.

.

TERCERA PARTE
Elementos ulteriores.

Observaciones

10. El fantasma de la derrota

OBSERVACIÓN: RELACIÓN PEORES ESCENARIOS Y LA RESISTENCIA A LA FRUSTRACIÓN.

Un movimiento sociopolítico de transformación deberá estar preparado –siempre- para el peor de los escenarios. Eventos muy comunes en el entorno político podrían afectar la salud de miembros vulnerables de la organización, la capacidad de visualizar situaciones alternativas adversas está fuertemente relacionado con la sobrevivencia de los MST.

Debe, la organización, imaginar escenarios que rompan con sus propios esquemas, con sus representaciones sagradas, ya sea en el plano ideológico o en el plano social. Las organizaciones deben plantearse la derrota electoral, el fracaso económico en las finanzas internas, o incluso escenarios trágicos. Porque es una realidad posible. Debe ser visto como un "Riesgo", y ser la base para la construcción de sistemas de control del riesgo.

El objetivo, definitivamente, no es la autoflagelación, ni mucho menos está orientado al desánimo, sino que, más bien, está dirigido a no perder de vista el objetivo final del movimiento, el cual no es, ni puede ser nunca, la idolatría. Los movimientos sociopolíticos deben combatir la idea de los ídolos. Sustituir las creencias cuasi religiosas que nuestras mentes están acostumbradas a estructurar, por una imaginación crítica.

Tanto los grandes teóricos como los líderes políticos deben ser vistos como una referencia, que en determinados momentos convergen con los principios y las bases fundacionales de los movimientos. Evitar caer en fanatismos es responsabilidad de la dirección. Construir símbolos con la debida precaución de no crear sistemas de alabanza o adoración, tener la capacidad intelectual de moverse únicamente en la dirección del logro de los objetivos, respetando los derechos humanos en todo momento, y valorar factores tales como la disciplina y la lealtad.

En el ejercicio de la actividad electoral y política, concentrada en el acceso a esferas de poder público, la traición y el fraude estarán constantemente presentes, personas de todos los estratos e ideologías imaginables podrán, en ciertos momentos, sorprender con sus acciones. Por lo que la organización deberá estar preparada para situaciones de traición, o de simple espionaje, sobre todo en una dinámica en la que prevalecen los lasos de amistad. Ocurrirá, con frecuencia, la extracción de información importante para organizaciones externas, lo cual debe ser interpretado como un riesgo propio de las organizaciones, más nunca como actos asociados a la "moral" o la dicotomía entre el "bien y el mal".

La traición puede terminar con el equipo de trabajo, llevar el desánimo a niveles insostenibles y romper, completamente, con la dinámica de trabajo. La organización debe estar preparada para crear su propia ruta a partir de un proyecto interno, que siga una dinámica local, independiente de los cambios en el exterior, de lo contrario estará vulnerable ante las acciones de liderazgos más amplios. El MIDP permaneció en el escenario político local durante diez años, enfrentado a todo tipo de situaciones, resistiendo desde derrotas hasta crisis financieras, pero es una polémica con la dirigencia nacional, sencillamente ideológica, la razón que termina, definitivamente, con la organización. No fue el "enemigo de clase" o la "guerra sucia" la razón del fracaso, tampoco las derrotas electorales, la incapacidad del grupo para enfrentar un escenario con dirección diferente fue más que suficiente para dejar de lado todas las aspiraciones

80

colectivas, se había enseñado a la organización a depender de un mando único, se había trabajado en la idolatría unipersonal, la razón de ser de la organización se desvaneció con la tensión de las campañas, el propósito que unió una diversidad de perfiles se había desvanecido, abriendo paso al peor de los escenarios posibles.

A pesar del desmantelamiento del MIDP, ideales importantes quedaron plasmados firmemente en el imaginario local. Ahí la importancia de los movimientos de transformación, sin los cuales los grandes cambios sociales, definitivamente, no pueden ser posibles, aunque es importante reconocer que no todos pueden ser socialmente necesarios, el cambio no debe ser tomado con reduccionismo.

EL FANTASMA DE LA DERROTA.

11. Resiliencia

OBSERVACIÓN: APRENDER DE LA DERROTA.

La acción colectiva implica la existencia de riesgos, los cuales son compartidos con los miembros de la organización como estrategia de mitigación. Uno de ellos, por ejemplo, es en el corto plazo la derrota electoral. Estar conscientes de los riesgos que existen alrededor de la acción es útil para evitar caer en puntos de no retorno.

Es necesario desarrollar, conscientemente, la capacidad de renovarse después de la derrota, especialmente cuando se actúa en escenarios de constante enfrentamiento. A pesar de ello la falta de éxitos tangibles pueden destruir económica y físicamente la base social. Es conveniente saber en qué momento detenerse, recuperarse para después seguir con normalidad las actividades, sin que esto represente la desintegración del grupo. Es muy complicado lograr posicionar en el imaginario colectivo el esfuerzo, el trabajo y las buenas acciones, pero una salida estrepitosa, un paso en falso y rápidamente se pasará al olvido o al archivo negro, tanto al interior como fuera de la organización. Tal como el mal manejo del dinero deja para siempre una huella en la persona que malversa los fondos, así queda también una idea negativa de quien actúa sin pensar en el futuro más inmediato.

Por ello la observación del caso de estudio nos sirve para apreciar la necesidad de regresar siempre al estado anterior después de una derrota. Si, por alguna razón, el movimiento se desfalcó económicamente se puede eliminar el gasto de oficina y sesionar en domicilios particulares, o si la derrota electoral fue abrumadora replantear la estrategia para futuras elecciones. La organización debe fijar un punto de retorno, para recurrir a él en caso de emergencia.

En este aspecto el MIDP sufrió constantes derrotas electorales, incluso derrotas por renovación interna de la dirección en partidos locales, sin que estás afectaran gravemente la economía interna; aunque dejaron agotados a los miembros más activos, el agotamiento jamás llegó a la fractura de la base. Una de las estrategias para no caer en un punto sin retorno, que aplicó la dirección del movimiento, fue la estrategia de la "no deuda", por ejemplo, en la cual, una vez finalizada la contienda electoral, si bien el saldo sería

RESILIENCIA.

83

cero, por lo menos ningún participante quedaría sujeto a compromisos impagables. Por lo regular, la vanguardia del movimiento, terminaba sin empleo y sin dinero –dato nada alentador para quienes pretendan dedicarse a la transformación política-, pero, a pesar de ello, siempre lograron recuperarse para retomar las actividades en el corto y mediano plazo.

RESILIENCIA.

12. Un paso adelante

**OBSERVACIÓN: RELACIÓN DISCIPLINA
DESEMPEÑO ASOCIATIVO.**

*En 1904 Lenin explicó, a los bolcheviques, la
estrategia para lograr la victoria del partido
comunista, el documento abordaba varios
puntos, pero había uno que destacaba de entre
todos; la disciplina. Años más tarde, sería la
base teórica práctica para la construcción de la
Unión Soviética.*

La disciplina no es un romanticismo del líder
revolucionario, sino una necesidad práctica de las
organizaciones. No puede existir un desempeño óptimo
en cualquier forma asociativa sin la existencia de
disciplina. La relación no sólo es fuerte sino es del
mismo sentido común.

La diferencia está en que las organizaciones
sociopolíticas, en la mayoría de los casos, no toman
con seriedad su labor. La transformación del orden de
cosas como una práctica social debe ser vista como una
actividad socialmente útil, y tratarse con

profesionalismo. Tal como los revolucionarios rusos de principios del siglo XX entendieron que debían ilustrase disciplinadamente, por ejemplo, en temas económicos y políticos, hoy en día es relativamente más sencillo, pues el acceso a la información es mayor, al igual que el contacto con universidades e instituciones académicas. La disciplina consiste en la profesionalización de cada una de las actividades que desempeña el movimiento sociopolítico, así como en el sistema de valores, los cuales empiezan por los miembros de la dirección. Valores tales como la puntualidad, el respeto, el orden, la limpieza y la responsabilidad, por ejemplo, deben ser considerados como importantes y, en la medida de lo posible, institucionalizarse.

También, en este sentido, deberá cuidarse, el movimiento sociopolítico, del fanatismo de las sectas religiosas, que, sobre la base de sus intereses y superticiones, obligan a los miembros vulnerables de las familias a prácticas inhumanas, en franca violación a sus derechos humanos, tales como trabajos forzados, imposición de ideología, creencias en lo que respecta a la intimidad humana, y muchas otras actividades absolutamente inmorales e ilegales, abominables ante los ojos del Estado moderno. El movimiento social debe evitar el fanatismo impositivo. Obligar a los miembros de la familia, por ejemplo, a partir de la autoridad o influencia debe ser considerado un acto antiético. Todos y cada uno de los miembros se subordinan a los acuerdos que la asamblea tome con base en sus posibilidades y en arreglo a sus necesidades. La disciplina no es un asunto de imposición-sanción, sino un arreglo sociocultural, facilitador del éxito. Los valores que se propongan no serán nunca absolutos, siempre deberán estar en arreglo a las circunstancias o a las condiciones históricas. Por ejemplo, el MIDP celebraba asambleas puntualmente, todos los días sábado, sin embargo, muchos miembros del grupo no tenían posibilidad de atender a la hora exacta, por situaciones particulares tales como el trabajo o los estudios. El acuerdo fue sesionar según el horario programado y si, por alguna razón, la necesidad obligaba a tomar acuerdos, el resto de los miembros aceptaría lo acordado, siempre, por supuesto que hubiese cuórum. En la práctica, nunca se acordó nada al inicio, siempre, en atención a las circunstancias particulares de los compañeros, se dejaban para el punto final la votación de los acuerdos, particularmente aquellos considerados como importantes. El paradigma de disciplina y puntualidad lo ponía siempre el liderazgo de la organización, y tenía un efecto de presión simbólica sobre el resto del grupo. Se reemplazó el castigo, la sanción o alguna forma de

88

coerción antiética por el ejemplo del liderazgo, el cual servía, además, como forma de legitimación. Por lo tanto, una vanguardia que no se disciplina así misma no puede aspirar al éxito. Siendo el primer paso que la organización deberá dar para alcanzar las metas programadas.

CONCLUSIONES

Las 12 observaciones expuestas, brevemente, en las páginas anteriores, no son un recetario o un conjunto de apreciaciones emanadas de las intenciones personales. Son un resumen de variables que, en cierta media, tienen una influencia en el desempeño asociativo de las organizaciones que llamamos "sociopolíticas", las cuales buscan la modificación de algún aspecto del estado común en la forma de ejercer el poder público, tanto a nivel local, regional y nacional. La mayoría de las organizaciones estarán familiarizadas con algunos de los conceptos o experiencias vivenciales, ya que la estructura organizacional tiene siempre similitudes en cuestiones básicas. Sin embargo, los grupos organizados en torno a la idea de transformación del orden establecido, a través de las vías electorales, requieren un particular manejo de conceptos, así como un análisis propio del objeto de investigación.

Dos niveles deberán tener presentes las organizaciones sociopolíticas; **el nivel subjetivo**, en el que se centran todos aquellos elementos residentes del terreno de las ideas, que proyectan una visión del futuro posible, trazan la ruta para alcanzar el objetivo, definen las fronteras de seguridad y riesgo en el camino trazado; y

el nivel objetivo, el cual representa la base de lo material, es decir, todos aquellos insumos físicos necesarios para objetivar lo que la imaginación colectiva de la organización ha logrado diseñar a partir de un ejercicio creativo.

Las organizaciones sociopolíticas tendrán un elemento crucial en su contra; **la resistencia al cambio.** Aún aquellas personas que reclaman justicia en sus diferentes niveles y expresiones, aún aquellas personas que sufren la represión, la humillación o cualquier forma de dominación autoritaria, aún ellos se resistirán al cambio. La estructura de dominación impuesta en América Latina durante la colonia aún permea en importantes capas sociales, expresiones como el fanatismo religioso, el miedo permanente a lo desconocido, la obediencia y sumisión a la concentración del poder económico, siguen vigentes en pleno siglo XXI. La reproducción social de formas de superstición sigue existiendo. Ante esta realidad, otras formas de organización tendrán que tomar partido, sin embargo, para los movimientos de transformación en la vía político electoral, que no tienen precisamente como objeto el cambio en la forma de pensar de la sociedad, sí se verán enfrentados a expresiones de resistencia a lo diferente, a lo opuesto a la normalidad.

CONCLUSIONES.

El cambio de las formas de creencias no es el objeto de los movimientos sociopolíticos, bien puede ser una estrategia de acción sobre todo en aquellos terrenos en los que avanzar resulta imposible ante factores puramente culturales.

Por último, los movimientos sociopolíticos de transformación social están vigentes. Son necesarios para las sociedades modernas. No puede ser propiedad exclusiva del estado la iniciativa de cambio o mejora de la vida pública. La participación de la comunidad, así como la orientación misma del ejercicio de la ciudadanía, tiene formas y medios de expresión, desarrolla importantes elementos producto de la creatividad, y transforma las instituciones, sobre todo aquellas estructuradas culturalmente, en beneficio de la sociedad. Los movimientos que surgen de la sociedad misma, y buscan conscientemente el cambio en los modelos de dominación, serán siempre necesarios. No nos referimos, en lo absoluto, a aquellas agrupaciones creadas desde el interior de las esferas del poder para la preservación del orden establecido, ya que el objeto que persiguen dichos agrupamientos es diametralmente distinto al de organizaciones como el MIDP. Tampoco nos referimos, aquí, a los intereses mezquinos de individuos o grupos que persiguen abiertamente el interés personal. Esta diferenciación es fundamental,

CONCLUSIONES.

considerando que las observaciones se dan en una forma concreta.

En el momento actual, donde prevalece la práctica política de *"Le roi est mort, vive le roi"*, dejamos el presente texto para clamar por la existencia de los movimientos sociales que caen específicamente en el tipo ideal del **Movimiento por la Industria y la Democracia Participativa.**

CONCLUSIONES.

BIBLIOGRAFÍA SELECTA.

Álvarez, L. (I). "Las Organizaciones de la Sociedad Civil y su expresión en la Ciudad de México". Reflexiones sobre la Sociedad Civil.

Bonneval, L., & Robert, F. (AVRIL - JUIN de 2012). "Peuplement du centre-ville et mobilité des locataires". Le Mouvement social (239), 91-112.

Cadena-Roa, J. (2008). "Evaluación del desempeño de los movimientos sociales". En C. Puga, & M. Luna, Acción Colectiva y Organización. Estudios sobre desempeño asociativo. CDMX, México.: Instituto de Investigaciones Sociales IIS. UNAM.

Duhau, E. (2008). "División social del espacio y exclusión social". En R. Cordera, P. Ramírez, & A. Ziccardi, Pobreza, Desigualdad Social en la Ciudad del Siglo XXI. CDMX, México.: Siglo XXI Editores.

Green, Robert. (2006). "Las 33 estrategias de la guerra. Editorial Océano. México.

Olson, M. (1971). "La lógica de la Acción Colectiva. Bienes públicos y la Teoría de Grupos" (Primera edición en español ed.). México: Noriega Editores. LIMUSA.

Ostrom, E., Poteete, A., & Janssen, M. (2013). "Trabajar juntos: Acción Colectiva, Bienes Comunes y Múltiples Métodos en la Práctica". USA: FCE. México.

Prats, J. (2004). "Técnicas y recursos para la elaboración de tesis doctorales: Bibliografía y orientaciones metodológicas". Barcelona, España.: Universidad de Barcelona.

Puga, C. (2008). "Desempeño de asociaciones en esferas sociales distintas". En C. Puga, & M. Luna, Acción Colectiva y Organización. Estudios sobre el desempeño asociativo. CDMX., México: Instituto de Investigaciones Sociales, IIS, UNAM.

Puga, C. (2014). "La sociedad organizada. Una teoría prescriptiva de la asociación". En S. Gordon, & R. Tirado, El rendimiento social de las organizaciones sociales (Primera Edición ed.). CDMX. México.: UNAM. Instituto de Investigaciones Sociales.

Puga, C., & Luna, M. (2008). "Acción Colectiva y Organización. Estudios sobre desempeño asociativo". México: UNAM. Instituto de Investigaciones Sociales.

Puga, C., & Luna, M. (2012). "Protocolo para la Evaluación de Asociaciones". México: Instituto de Investigaciones Sociales, IIS UNAM, El Colegio Mexiquense.

Rayo, R. (2015). "El dilema del prisionero en la teoría de juegos". Valladolid. España.: Universidad de Valladolid. Faculta de Ciencias Económicas y Empresariales.

Smelser, Neil. "Teoría del comportamiento colectivo". FCE. Segunda reimpresión. México, 1989.

Touraine, Alain. "Los movimientos sociales". Revista Colombiana de Sociología, núm. 27, julio-diciembre, 2006, pp. 255-278. Universidad Nacional de Colombia. Bogotá, Colombia

Weber, M. (Tercera edición en español de la segunda edición en alemán. 2014). "Economía y Sociedad". México.: Fondo de Cultura Económica.

Made in the USA
Las Vegas, NV
12 June 2022